NADIA

Couverture

- Maquette:
  MICHEL BÉRARD

- Photo:
  MARC-ANDRÉ BEAUDIN

Maquette intérieure

- Conception graphique:
  GAÉTAN FORCILLO

DISTRIBUTEURS EXCLUSIFS:

Pour le Canada
AGENCE DE DISTRIBUTION POPULAIRE INC.,
955, rue Amherst, Montréal H2L 3K4, (514/523-1182)
   Filiale du groupe Sogides Ltée
Pour l'Europe (Belgique, France, Portugal, Suisse,
Yougoslavie et pays de l'Est)
OYEZ S.A.   Muntstraat, 10 — 3000 Louvain, Belgique
            tél.: 016/220421 (3 lignes)

Ventes aux libraires
PARIS: 4, rue de Fleurus; tél.: 548 40 92
BRUXELLES: 21, rue Defacqz; tél.: 538 69 73

Pour tout autre pays
DÉPARTEMENT INTERNATIONAL HACHETTE
79, boul. Saint-Germain, Paris 6e, France; tél.: 325.22.11

Texte de Benoît Aubin
Photos de Denis Brodeur

LES ÉDITIONS DE L'HOMME*

CANADA: 955, rue Amherst, Montréal 132
EUROPE: 21, rue Defacqz — 1050 Bruxelles, Belgique

* Filiale du groupe Sogides Ltée

Le schéma 69 est tiré du CODE DE POINTAGE officiel des épreuves de gymnastique aux Jeux Olympiques de Montréal, 1976.

Les tableaux sont tirés du cahier Résultats Gymnastique, *Jeux de la XXIe Olympiade, COJO 1976.*

Les photos des pages 55 - 66 - 67 - 76 - 77 et 82   sont tirées de la revue roumaine SPORT, Nr8 (395), August 1976, Bucarest.

Remerciements

à Nicolae Deaconu,
attaché olympique roumain à Montréal;
à la Fédération roumaine de gymnastique;
à Corina Netcu, de Bucarest;
et à *Montréal-Matin inc.*,
qui nous a permis d'utiliser
nos photographies.

Comme
une étoile filante

Comme une étoile filante

Même le plus audacieux des prophètes ne pouvait prévoir, ce samedi 17 juillet 1976, jour de l'inauguration des Jeux olympiques, qu'une petite bonne femme aux yeux sombres et au nom compliqué créerait, à elle seule, autant d'émotion que toutes les fastueuses cérémonies d'ouverture et se mériterait, en cent vingt heures d'une rare intensité, le titre absolu de Reine des Jeux de Montréal.

Qui pouvait prédire que Nadia Comaneci allait, cette semaine-là, conquérir et éblouir le monde entier, pulvériser tous les records, incarner l'inaccessible perfection, atteindre, avec une aisance et une élégance bouleversantes, les plus hauts sommets de la popularité internationale, puis disparaître, avant même la fin des Jeux, en laissant l'humanité entière ébahie, rêveuse et un peu penaude devant tant de grâce, de souplesse et de vigueur si parfaitement contrôlées?

Nadia Comaneci est passée à travers la première semaine des Olympiques comme une tornade à qui rien ni personne n'a pu résister.

Plus encore que ses trois médailles d'or, sa médaille d'argent et son autre de bronze, les sept notes parfaites qu'elle s'est méritées - fait unique dans l'histoire des Olympiques - ont bouleversé le petit monde exclusif de la gymnastique d'élite. Nadia a laissé les officielles de la Fédération internationale perplexes devant leur code d'évaluation qu'elles devront maintenant repenser de A à Z; elle a laissé les entraîneurs des autres pays médusés, obligés eux aussi de reviser toutes leurs conceptions sur la formation d'une gymnaste de pointe.

Son brio a relégué dans l'ombre les performances d'adieu d'Olga Korbut, la grande vedette de Munich, qui quitta la piste du Forum meurtrie et boitillante, avant d'aller l'embrasser, sur la plus haute marche du podium, reconnaissant et consacrant ainsi la fulgurante ascension de Nadia.

Avant les compétitions, Olga Korbut était encore la reine...

...mais elle a dû laisser sa place à Nadia Comaneci.

L'éclat de ses performances a fait pâlir celles des Soviétiques Turischeva et Nelli Kim, membres de l'équipe championne. Avec sa voisine et grande amie Téodora Ungureanu, médaille de bronze, elle a fait oublier l'équipe est-allemande, l'immuable "seconde championne" après les Russes.

Plus encore, ses succès affirment avec fracas l'existence, la richesse et l'efficacité de "l'école roumaine", à laquelle bien des observateurs concèdent déjà le haut du pavé pour les Jeux à venir.

Les centaines de journalistes massés sur la galerie du Forum de Montréal ont dû rivaliser de superlatifs pour décrire son excellence; alors que le nom de Nadia était prononcé dans toutes les langues, que sa photo et sa biographie circulaient dans tous les journaux et que ses exploits étaient projetés sur des centaines de millions d'écrans de télévision, un journaliste de Montréal suggérait d'enrichir le dictionnaire du mot "nadiesque" pour décrire "la plus parfaite des perfections" et le chroniqueur de Paris Match, en plein délire, écrivait: "Je vous salue, Nadia pleine de grâce, Zeus est avec vous!", nous présentant, à peu de choses près, la petite gymnaste roumaine comme la rédemptrice moderne de toutes les turpitudes de ce bas monde!

Le monde de la gymnastique de compétition est pourtant bien loin de celui de Hollywood où l'on vous tourne en monstre sacré quiconque peut à peu près chanter, danser ou sourire: mais cette inflation verbale et cette frénésie des média qui ont propulsé la petite Nadia en tête d'affiche de la plus importante compétition sportive du monde, lui ont permis de parachever la révolution entreprise avant elle par la Tchécoslovaque Vera Caslavska puis par Olga Korbut, qui ont fait de cette compétition obscure et hermétique qu'était la gymnastique olympique le spectacle le plus sensationnel et le plus apprécié par le public, et la compétition de prestige par excellence pour les pays participants.

En 1968, à Mexico où elle avait remporté quatre médailles d'or, Caslavska avait présenté ses exercices au sol au rythme d'une musique mexicaine, se gagnant l'amour soudain et inconditionnel de tous les Latino-Américains.

A Munich, en 1972, Olga Korbut avait séduit tout le monde avec son exercice au sol sensuel, difficile, élaboré, et par sa grande innovation: le salto arrière doublé d'une vrille, exécuté à la poutre.

Le nom de Nadia apparaît d'ailleurs déjà dans le petit folklore des gymnastes: on a homologué et baptisé "Comaneci" deux mouvements aux barres asymétriques qu'elle fut la première (et la seule, à Montréal) à présenter en compétition: le saut périlleux à la barre inférieure, (le deuxième élément de son enchaînement, aux exercices facultatifs, à

Montréal) et sa sortie, en salto arrière groupé suivi d'une stupéfiante vrille et d'un pieds-mains, qui lui a valu une interminable ovation, lors des finales, au Forum.

Aujourd'hui, des spécialistes comme Valérie Nye, juge en chef de la fédération canadienne, parlent de "Korbut l'innovatrice, Turischeva l'artiste et Comaneci la technicienne", qui a réussi à transcender les qualités des deux autres par la perfection de son exécution.

Nicole MacDuff, du club Gymnix de Montréal, lui rend ce vibrant hommage: "En maîtrisant la technique à la perfection, Nadia Comaneci a ouvert toutes grandes les portes à l'imagination. On peut dire dès maintenant que les Jeux de 1980 nous apporteront des choses extraordinaires, des choses auxquelles on ne fait maintenant que commencer à rêver."

Voilà quelques semaines, une fillette de Montréal s'est cassé un poignet en tombant du bras de la galerie, chez ses parents. Elle se prenait pour Nadia Comaneci, virtuose à la poutre! Les rares centres de formation en gymnastique au Québec sont inondés de demandes de centaines d'enfants qui veulent "apprendre à faire comme Nadia". A la Fédération québécoise de gymnastique, on raconte l'histoire de ce garçon de 17 ans qui n'avait jamais mis les pieds dans un gymnase et qui voulait maintenant s'entraîner pour aller à Moscou en 1980! Nadia, plus que toutes les autres avant elles, a "vendu" la gymnastique aux Québécois, au monde entier.

Modeste, distante et réservée, comme étrangère à tout ce tralala, mais avec une indicible fierté dans le regard, Nadia accepte avec simplicité le succès, les honneurs, les fleurs et les poupées. Au Forum, la foule en délire lui arrache ses plus beaux (et rares) sourires.

Soumise, surveillée de très près, pilotée par son omniprésent entraîneur, Bela Karoly, elle se prête de bonne grâce aux rites presque "cannibales" des conférences de presse internationales, où des meutes de reporters l'assaillent de questions dans toutes les langues de Babel, se "collettaillent", se bousculent pour l'approcher et l'entendre, la bombardent de flashes, la filment sous tous ses angles, se l'arrachent, en un mot, pour la donner en lecture, en pâture, aux foules toujours avides de grandeur et de merveilles.

Elle affirme sans broncher qu'elle a toujours été certaine de gagner des médailles "en travaillant correctement", qu'elle s'étonne qu'on fasse tout un plat de ses 10 sur 10, puisqu'elle en avait déjà récolté 19 autres lors de compétitions internationales précédentes, que la présence de ses redoutables adversaires soviétiques ne l'avait nullement intimidée et que la seule adversaire de taille qu'elle se reconnaisse est sa compatriote et amie Téodora Ungureanu.

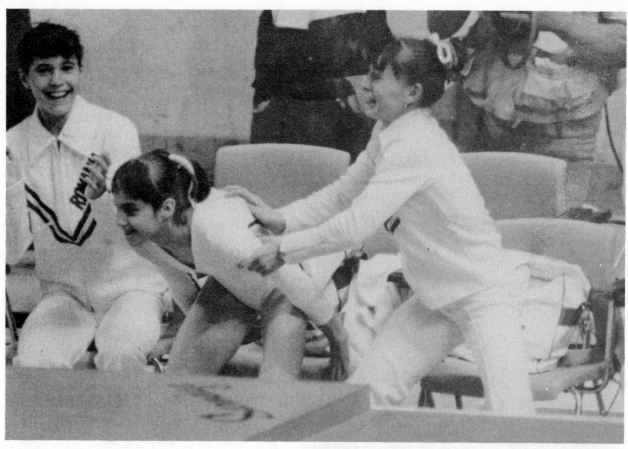

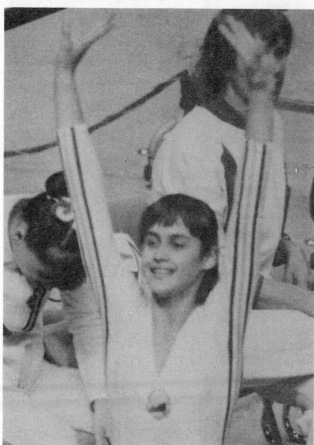

Toute l'équipe attend avec angoisse les résultats; puis c'est l'éclat de joie général, alors que les juges décernent à Nadia la première note parfaite de toute l'histoire des Olympiques.

(Photo Michel Leclerc)

Toujours veillée par son entraîneur; ici, à l'aérogare de Copenhague, sur le chemin du retour en Roumanie. (Photo Benoît Aubin)

"Tu aurais
bien mérité
20 sur 10!"

"Tu aurais bien mérité 20 sur 10!"

Une fois les concours de gymnastique terminés, dès le premier vendredi des Jeux, les gymnastes roumaines, Nadia, Teodora, Gabriela, Marilena, Mariana, Luminita, Georgeta et Anca se sont retrouvées confinées, avec leurs entraîneurs, dans leurs locaux exigus du Village olympique. Couvées de près par la police et l'armée, épiées par les journalistes, sollicitées de toutes parts, n'osant trop, on le comprend, aller se balader dans les rues de Montréal et se voyant, à cause de leur simple accréditation d'athlètes, interdire l'accès aux autres sites de compétition, elles résolurent de rentrer chez elles au plus vite.

Elles ont quitté le Village olympique sur la pointe des pieds le lundi, à l'heure du souper, après avoir laissé planer des doutes quant à leurs projets pour la semaine à venir.

Encadrées d'une imposante - et inutile - escorte de la gendarmerie, elles sont allées à Mirabel prendre l'avion qui devait les ramener en Roumanie, via Copenhague, la capitale du Danemark.

Harassées, tendues et manifestement soulagées de quitter la bourdonnante place publique qu'était devenue la Montréal olympique (Nadia l'a répété à qui voulait l'entendre: affronter la presse et la télévision fut beaucoup plus éprouvant pour elle que tout le stress de la compétition et que l'interminable routine de l'entraînement) elles eurent tôt fait, aussitôt l'avion décollé, de faire voler leurs uniformes officiels, passablement défraîchis, et d'enfiler leurs combinaisons de gymnastes dans lesquelles elles se retrouvent à l'aise comme dans une seconde peau.

Les hôtesses, à bord du Boeing de la SAS, étaient évidemment aux petits soins pour elles, et quand Nadia réclama un verre de lait, l'une d'entre elles apporta une pleine pinte. Nadia, puis toutes les autres, burent au goulot, à l'amusement attendri des autres passagers.

Ce fut un vol de nuit sans histoire, chacun sombrant dans un sommeil tiède, agité et engourdi. Mais à peine l'avion commença-t-il à perdre de l'altitude, dans le ciel de la Scandinavie, qu'une procession s'organisa à bord: chacun, les hôtesses en premier, réclamait un autographe de la championne. On le faisait signer sur un sac de voyage, un programme des Jeux, la couverture de Time ou de Newsweek qui la montraient, à pleine page, en plein vol, en toutes couleurs...

L'ambassadeur roumain à Copenhague, M. Ploiesteanu, lui-même ancien président de la fédération olympique de Roumanie, avait réservé une salle dans l'aérogare et les y attendait avec du jus d'orange, du café, des poupées et... des journalistes scandinaves. Tous ces braves reporters n'avaient évidemment d'yeux, d'oreilles et de flashes que pour Nadia. Il fallait, pendant qu'ils l'accaparaient et que les "grandes personnes" conversaient ensemble dans un coin, voir les autres jeunes gymnastes, fripées par une nuit blanche, affalées dans des fauteuils, jouant avec leurs tresses l'air ennuyé, regardant le plafond, contemplant sans conviction le paysage désolé et gris à travers la fenêtre où des avions passaient dans un détestable vacarme, égrenant péniblement les longues minutes des trois heures d'escale.

Il y a trois heures de vol entre Copenhague et Bucarest, la capitale de la Roumanie. Il faut traverser toute l'Europe en diagonale, du nord-ouest au sud-est, survoler les deux Allemagnes, la Tchécoslovaquie, la Hongrie et une bonne partie du territoire roumain avant d'approcher de la capitale.

C'est une demi-heure avant l'heure prévue pour l'atterrissage que les gymnastes ont semblé s'éveiller de cette espèce de léthargie dans laquelle trente heures d'insomnie, dont douze passées dans l'atmosphère artificielle d'une cabine pressurisée, les avaient profondément enfoncées.

C'était touchant de voir ces super-gymnastes redevenir soudain de petites filles fébriles et tout excitées à l'idée de retourner chez elles, de revoir leurs parents, leurs amis, d'être entourées de gens qu'elles connaissent, qui parlent leur langue et à qui elles pourront raconter leurs histoires comme elles les ont vécues, sans avoir à peser leurs mots, sans passer par des interprètes, sans se heurter sans cesse aux agents de sécurité ou de relations publiques, libérées, enfin, du lourd et encombrant appareil des compétitions internationales.

Après deux mois d'entraînement intensif passés en demi-isolement dans ce gigantesque complexe sportif des faubourgs de Bucarest, où elles ont travaillé si fort pour atteindre le sommet de leur bonne forme physique et psychologique, après les deux semaines passées dans le secret hermétique du gymnase de la Cité des Jeunes de Vaudreuil à parfaire leur entraînement en compagnie de leurs bonnes copines de l'équipe canadienne, elles voyaient enfin venir le moment où elles seraient libérées, laissées à elle-mêmes. Les vacances, croyaient-elles, commenceraient là, au premier contact avec le sol de leur pays.

Même Bela Karoly, leur entraîneur, le type même de l'homme fort, endurci et déterminé, aussi exigeant envers lui-même qu'envers les autres; même Martha, son épouse et collègue entraîneur et même Maria Simionescu, pionnière de la gymnastique en son pays, juge en chef de la délégation roumaine et déléguée technique auprès de la Fédération internationale, habituellement pondérés et impassibles, ne cachaient

plus leur plaisir d'arriver enfin chez eux, loin du bruit et des foules.

Mais une surprise les attendait: si le secret de leur départ de Montréal avait été bien gardé, quelqu'un avait dû vendre la mèche à Bucarest. Même si la nouvelle de leur arrivée n'avait circulé de bouche à oreille que durant quelques heures, 6 000 personnes, au bas mot, avaient envahi l'aéroport et cuisaient au soleil de ce splendide après-midi du 27 juillet.

Dès que l'avion apparut, la foule, au comble de l'enthousiasme, se mit à envahir la piste pour courir à sa rencontre, déployant des banderoles, brandissant des pancartes, agitant les bras dans la confusion et l'allégresse les plus complètes, si bien que l'avion dut s'immobiliser à plus de 500 pieds de son arrêt réglementaire. Coincées à l'intérieur de la carlingue, les fillettes ne se tenaient plus d'impatience. Après tant d'heures de réclusion, elles n'avaient plus qu'une seule idée: sortir à l'air libre.

Des soldats en armes étaient dispersés un peu partout sur la piste; mais, peu nombreux et pas du tout agressifs, ils semblaient plutôt prendre la chose en philosophes et s'amuser tranquillement de tout cet enthousiasme et de tout ce mouvement, se contentant seulement de voir à ce que personne ne soit blessé.

On avança finalement un escalier mobile. Dès qu'un membre de l'équipe s'y risquait, il était im-

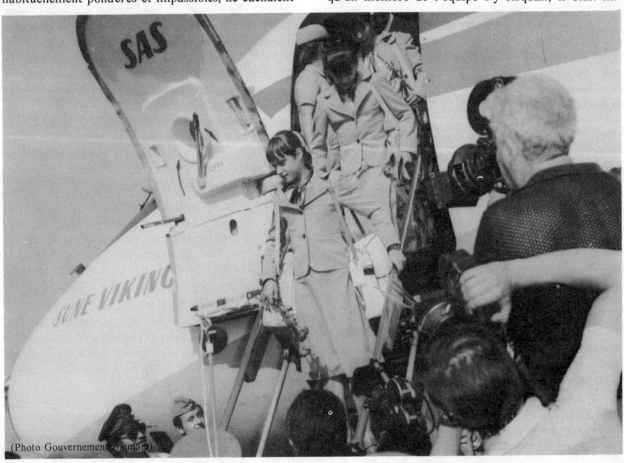

(Photo Gouvernement roumain)

22

médiatement avalé par la foule; chacun, en pleine bousculade, essayant de lui parler, de le toucher, de l'embrasser. Les gymnastes furent littéralement portées jusque dans l'aérogare. Dans un coin, de très jeunes gymnastes essayaient, sans grand succès, de donner une démonstration, des scouts se tenaient au garde-à-vous, un haut parleur tonitruait une chanson spécialement composée pour la circonstance et que plusieurs reprenaient en choeur: "Nadia, Nadia, tu aurais bien mérité 20 sur 10!"

Ce furent les plus belles retrouvailles, le plus beau concert de bienvenue, chacun s'arrachant les gymnastes, leur réclamant tout à la fois des histoires, des nouvelles, des impressions sur le Canada, s'enquérant de leur santé, de leur voyage; les jeunes, énervés, s'emparaient de leurs paquets, à la recherche de cadeaux; la foule les pressait, bruyante, chaude, odorante, souriante.

Puis vinrent les discours, pleins de flonflons et de gerbes de fleurs, les séances de photographie. On parvint ensuite à leur ouvrir un chemin à travers la foule; les gymnastes s'engouffrèrent dans de longues limousines noires et disparurent, je l'appris plus tard, en direction de leur centre sportif où on avait aménagé des locaux où elles purent se reposer.

L'accueil chaleureux et spontané qu'on avait réservé aux gymnastes à leur arrivée à Bucarest leur permettait à peine d'imaginer ce que serait la "vraie" fête, quand elles arriveraient "vraiment" chez elles, le lendemain, à Gheorghe Gheorghiu Dej, où Gheorghe et Alexandrina Comaneci attendaient impatiemment leur fille Nadia, en compagnie de leur jeune fils Adrian, 7 ans, comme Madame Ungureanu et les parents Constantin, Milea et Gabor attendaient leur Teodora, leur Mariana, leur Luminita, leur Georgeta, tout comme la jeune Andreea Karoly, cinq ans, attendait ses parents Bela et Martha, partis depuis si longtemps.

(Photo Bedaux-Allard)

L'ambassadeur roumain à Copenhague, M. Ploeistanu. (Photo Benoît Aubin)

Nadia, sa mère et Adrian, son jeune frère. (Photo Benoît Aubin)

1975: Nadia, 13 ans, au Forum de Montréal.

La fête
en Moldavie

La fête en Moldavie

A peine faisait-il jour, le lendemain matin, mercredi, que les trois longues Mercédès noires où s'étaient engouffrés les gymnastes, leurs entraîneurs et toute une escorte officielle, filaient déjà en direction du nord, à travers les faubourgs animés de Bucarest.

La ville de Nadia se trouve à plus de 250 milles au nord-est de la capitale, à l'autre extrémité de la monotone plaine de Moldavie, juste en vue des premiers contreforts rocheux de la Transylvanie Subcarpatique.

La Moldavie est une région très fertile. C'est le pays des immenses fermes collectives, sans clôtures ni barrières, où poussent, sur des milles et des milles carrés, le tournesol, la vigne, le chanvre et les céréales que les paysans se rendent cultiver en groupes de douze ou quinze, à la queue leu leu dans leurs énormes moissonneuses-batteuses gris et rouge.

J'ai vite compris pourquoi nous étions partis si tôt, en voyant trois gros camions-remorques patienter, à deux milles à l'heure, derrière une roulotte de Gitans tirée par un mulet famélique et pilotée par un gros bonhomme en camisole, assoupi, les rênes entre les mains, un mégot de cigarette éteint entre les lèvres, sa bonne femme patiente et distraite assise à ses côtés.

Tout le monde emprunte la route nationale: voitures, camions, tracteurs, charrettes de foin tirées par des chevaux, paysans à bicyclette, et même des troupeaux de vaches qu'on mène au pacage.

Cet ahurissant voisinage du moyen-âge moldave et des temps modernes motorisés, qui ferait des carnages au Québec, se poursuit là-bas sans trop de heurts. "La Roumanie est un pays tellement ancien; nous avons connu tellement d'époques et de règnes, de grandeurs et de misères, que plus personne ne s'impatiente ou ne se formalise de rien", m'explique-t-on.

Malgré le soleil de plomb, malgré l'incertitude de son horaire, les paysans attendaient patiemment le passage de Nadia, massés aux carrefours ou dispersés un peu partout le long de la route, à l'ombre des peupliers aux troncs peints en blanc. Certains ont dû patienter là pendant des heures. En les voyant, le chauffeur du minibus des journalistes qui précédait les limousines agitait par sa fenêtre la grosse poupée *Reliable* qui marche, pleure et fait pipi, offerte à Nadia la veille à Copenhague. La poupée voulait tout dire; les gens bondissaient sur leurs pieds, leurs visages s'illuminaient, ils se mettaient à saluer, à crier, à agiter leurs bérets: Nadia s'en venait.

Nadia Comaneci est terriblement populaire dans son pays. En fait, elle est célèbre. Mais pas célèbre comme une star, comme une vedette, comme Elie Nastase, par exemple, qui gagne des tournois de tennis et fait beaucoup d'argent et de frasques à l'étranger. On la verrait plutôt comme une héroïne, comme un chevalier parti planter les couleurs de son pays en des terres difficiles et lointaines, et qu'on acclame sur son passage, quand elle revient chez elle, après la conquête.

Il a fallu sept heures pour finalement atteindre Gheorghe Gheorghiu Dej, la ville la plus récente, la plus moderne, et sûrement la plus étonnante de toute la Roumanie. C'est une cité ni grosse ni petite, construite d'un seul coup voilà moins de vingt ans: une série de HLM beiges d'une douzaine d'étages, tous semblables, plantés là, au milieu des champs, le long d'avenues larges et courbes, désertes, bordées d'arbres et de plate-bandes.

Elle est une des gloires du gouvernement socialiste roumain qui la fit construire là, au bout du monde, en même temps qu'une énorme usine de produits pétrochimiques, pour relancer l'économie de cette région lointaine et sous-développée, jadis habitée par des paysans miséreux et sillonnée par des bandes de Gitans nomades et incontrôlés.

Elle a la rigueur et le dénuement d'un plan d'aménagement pensé et exécuté en accord avec les plus purs principes de l'économie socialiste: il ne manque rien d'essentiel, on ne trouve rien de superflu. C'est un endroit absolument déconcertant pour un Nord-Américain habitué à des villes étendues qui se sont développées au cours des années, au gré des intérêts des spéculateurs, à des villes bruyantes et congestionnées, clinquantes, pleines de néons, de magasins, de bars, de restaurants, de cinémas et de boutiques.

Gheorghe Gheorghiu Dej est tout le contraire. C'est une ville sans centre ni banlieue, sans quartier riche ni quartier pauvre. C'est une ville propre, paisible et pleine de verdure, et probablement mortellement ennuyante à la longue. C'est une ville sans diversité, sans grand divertissement non plus, si ce n'est, justement, le gros gymnase au beau milieu du parc central et qui, joint au lycée spécial de gymnastique, construit tout à côté, allait devenir, en moins de quinze ans, le plus important centre de formation pour super-fillettes au monde.

C'est en face de ce grand parc, presqu'à l'ombre de son gymnase, au deuxième étage du Bloc six de la rue de la Jeunesse, que Nadia Comaneci est née, le 11 novembre 1961. C'est là qu'elle vit encore aujourd'hui, avec ses parents et son jeune frère Adrian.

Mais, ce 28 juillet 1976, Gheorghe Gheorghiu Dej avait secoué sa beige monotonie et s'était toute pavoisée de drapeaux et d'oriflammes, pour se donner l'une des plus belles grosses fêtes de sa courte histoire.

C'était un spectacle insolite que celui de ce convoi de limousines officielles défilant, majestueux, dans des rues pavoisées pour la fête, mais absolument désertées par la foule, déjà tout entière massée dans la cour du lycée de gymnastique, où la fête allait avoir lieu.

Encore tout engourdies par le long voyage, Nadia, Teodora et les autres firent une entrée triomphale dans la cour exiguë de l'école, frénétiquement applaudies par 20 000 personnes entassées dans les gradins, juchées aux fenêtres et sur les toits, grimpées partout, dans les arbres et les poteaux.

Au son d'une marche entraînante jouée par une authentique fanfare chromée en uniforme d'apparat rouge à galons dorés, elles firent lentement le tour de l'enceinte sous une pluie d'oeillets et de glaïeuls, abasourdies, rayonnantes, touchées et impressionnées. L'ovation s'éternisait, enterrant totalement la fanfare qui, lasse de s'époumoner, abandonna le combat. Ce fut un grand transport d'enthousiasme spontané, municipal, familier, presque familial, uniquement possible dans une petite ville où chacun se connaît. En applaudissant les succès, la gloire des gymnastes, chacun s'applaudissait un peu aussi de les connaître, de les voisiner, de les avoir vues, toutes petites, risquer leurs premières pirouettes dans le parc. En fêtant ses plus prestigieux citoyens, Gheorghe Gheorghiu Dej se fêtait un peu elle-même, et c'était beau à voir, comme une grosse fête de famille.

(Photo Benoît Aubin)

30

Il y eut l'inévitable série de discours et de présentations, on vint leur offrir des cadeaux, des souvenirs, d'autres fleurs; on prit beaucoup de photos. Une bambine en collants roses s'approcha d'un microphone et se mit timidement à lire une longue adresse; puis la fanfare reprit ses flonflons et des danseurs de folklore en superbes habits traditionnels donnèrent leur spectacle; on déroula de longs tapis de caoutchouc sur lesquels un groupe de fillettes, âgées de dix ans tout au plus, vinrent faire une impressionnante démonstration de pirouettes et de sauts carpés sous le regard approbateur et amusé de la championne, histoire de lui dire, à elle et à tout le monde, que la gymnastique ne finit pas avec Nadia Comaneci et qu'il y a une relève nombreuse, déterminée, ambitieuse.

Ce fut un bien bel après-midi, mais les choses commençaient à tirer en longueur. Nadia, épuisée, assise entre ses parents, tout comme Téodora qui avait retrouvé sa mère, n'avaient plus qu'une seule envie: se retirer, seules avec les leurs, loin de la foule, de son exubérance et de ses exigences.

Mais la foule, elle, ne l'entendait pas ainsi. Dès que le cortège officiel se fut retiré, tout le monde entreprit de le suivre, en se ruant vers la seule porte de sortie. Ce fut d'abord une bousculade sans conséquence, mais qui dégénéra très vite en panique: les plus jeunes, les plus forts poussaient toujours; les plus faibles, les plus vieux regimbaient; les femmes criaient, les enfants pleuraient, les hommes tenaient les bébés à bout de bras; la foule n'était plus qu'une masse informe de corps compressés et de visages crispés, agitée de remous violents et contradictoires.

Mais si les Roumains sont des Latins au sang chaud, ils ont aussi bon caractère; ce qui aurait pu dégénérer en émeute s'est résorbé lentement. et quand les voitures sont allées conduire Nadia chez elle, la foule y était déjà, la réclamant, lui barrant le chemin. Quand on arriva chez Teodora, la foule y était avant elle, l'acclamant. Et la procession s'est poursuivie tout autour de la ville, jusqu'à l'heure du souper.

Quelques heures plus tard, à la tombée de la nuit, l'immense terrasse brillamment illuminée de l'hôtel Trotus était bondée de buveurs joyeux et exubérants qui se racontaient les événements de la journée d'une table à l'autre, en exagérant toujours un peu plus à chaque fois. Mariana, puis la petite Luminita vinrent y faire un tour avec leurs parents. Elles furent saluées, applaudies, immédiatement entourées.

Mais Nadia choisit de rester chez elle. Bien assise sur le gros divan fleuri du salon, juste en-dessous du grand portrait d'elle aux championnats du monde de 1975, elle goûtait enfin la quiétude de son foyer. Déballant tous ses souvenirs de Montréal devant son jeune frère Adrian, fasciné et un peu envieux, elle racontait à son père ce qu'elle avait vu de Montréal qu'elle a pu visiter avant les Olympiques, et disait à sa

(Photo Benoît Aubin)

mère comme elle était fatiguée des voyages, des foules, des cérémonies et des photographes.

Dans la grosse encoignure vitrée remplie de trophées, près de la télévision, trois médailles d'or, une de bronze et une d'argent réfléchissaient douce-ment la lumière de plafonnier.

Dans quelques jours, ils partiraient tous les quatre en vacances dans un gros hôtel de Mamaia, la Floride roumaine, sur le bord de la Mer Noire.

(Photo Benoît Aubin)

(Photo Benoît Aubin)

12 000 heures
de travail

12 000 heures de travail

Alexandrina Comaneci est fonctionnaire de l'état roumain et son mari, Gheorghe, est mécanicien. Comme à tous les jours, ce matin ordinaire du printemps de 1968, ils menèrent la jeune Nadia, 6½ ans, au jardin d'enfance où elle retrouvait ses camarades, gambadait et jouait avec eux sous l'oeil habitué de la vieille gardienne.

Ce matin-là, Bela Karoly, ancien joueur de handball de l'équipe olympique nationale et jeune entraîneur de gymnastique, imbu de cette idée encore neuve à l'époque (et qui allait lui permettre de récolter de l'or à Montréal huit ans plus tard) qu'il faut entreprendre la formation des gymnastes d'élite dès leur plus jeune âge, vint faire un tour au jardin d'enfants en quête de jeunes sujets, de talents neufs.

Il recruta un petit groupe de fillettes qui lui semblaient déborder d'énergie et d'exubérance encore plus que les autres, et les prit sous sa charge avec l'approbation reconnaissante de la gardienne. Nadia Comaneci était de ce groupe.

"Nous essayons simplement de sélectionner les enfants qui font montre de vigueur, de détermination, d'agilité", dira-t-il plus tard.

Quiconque connaît bien la gymnastique et les enfants vous dira qu'on peut déceler un bon sujet du premier coup d'oeil: les enfants ne se masquent jamais; leurs qualités, comme leurs défauts, sont évidentes. On peut déterminer la santé, la musculature, le tempérament d'un enfant juste à le regarder marcher.

"Mais elle ne tranchait pas sur les autres, à ce moment-là", se souvient Maria Simionescu, qui suit l'évolution de Nadia depuis le début. "Elle était bonne, c'est tout."

On l'a donc intégrée à une cellule de formation et commencé, tout doucement, à rompre son corps et son esprit aux exigences de la gymnastique: souplesse, concentration, audace, patience, discipline. Ce n'est jamais très difficile: les enfants adorent sauter, courir, jouer et essayer de nouveaux trucs. Mais il est beaucoup plus compliqué d'obtenir d'eux qu'ils s'appliquent à la tâche. "C'est cette qualité que nous avons d'abord remarqué chez Nadia: sa très grande capacité de travail", poursuit Simionescu.

Ce qui lui valut d'être très rapidement intégrée à l'équipe de gymnastique d'élite de Gheorghe Gheorghiu Dej et de s'inscrire, dès l'automne suivant, 1969, au lycée de gymnastique de la ville. C'est une école où les candidates sont soumises à un programme spécial, conçu pour leur donner le maximum de facilités et d'heures d'entraînement, en même temps qu'une formation académique adéquate.

Nadia apprenait très vite et avec de plus en plus d'aisance, à mesure que son corps se développait et que ses qualités essentielles de force et de résistance s'affinaient. Bela Karoly comprit bien vite qu'il avait de la chance et qu'il allait pouvoir réaliser ce vieux rêve, commun à tous les entraîneurs: il tenait "sa" gymnaste d'exception, cette pâte à modeler humaine, élastique, flexible, résistante et volontaire, qu'il formerait, pendant des années, pour en faire la meilleure gymnaste du monde, la gloire de son pays, de son école, de son entraîneur.

Comme sa collègue entraîneur, Martha, est aussi son épouse, les Karoly adoptèrent littéralement Nadia Comaneci. Bela est son entraîneur responsable et surveille son développement au saut et aux barres asymétriques. Martha lui enseigne les techniques à la poutre et les exercices au sol et pilote l'équipe durant les voyages. Leurs journées, leurs soirées, leurs goûts, leurs ambitions, leurs familles, bref leurs vies, allaient devenir inextricablement emmêlées.

Ils se voient plusieurs heures par jour, au gymnase. Nadia est souvent chez les Karoly, où elle converse avec Martha et s'occupe de la petite Andreea, maintenant âgée de cinq ans, qu'elle considère presque comme sa soeur cadette. Les Karoly vivent à deux pas de chez les Comaneci, qu'ils visitent souvent. Ils entretiennent Alexandrina, douce et inquiète, et Gheorghe, fier et silencieux des progrès de leur fille.

Martha et Bela Karoly, les entraîneurs. (Photo Benoit Aubin)

Nadia applaudit la Soviétique Nelli Kim. "Nadia est une très grande gymnaste", dira Kim après les Jeux.

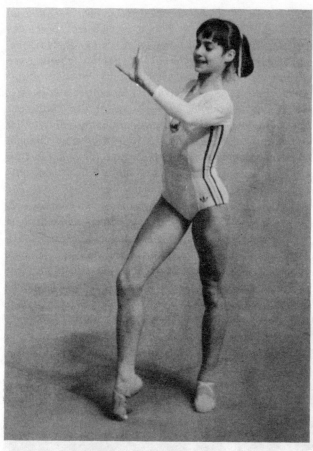 

Les Karoly, on le sait maintenant, avaient visé juste en choisissant Nadia. Elle le leur a prouvé moins de deux ans plus tard, en 1971, au tournoi junior de la Coupe de l'Amitié, en Bulgarie, déclassant ainsi Ludmila Turescheva et Nelli Kim. En remportant des médailles d'or aux barres asymétriques et à la poutre à dix ans, Nadia Comaneci venait de faire ses débuts sur la grande scène.

Cette année-là aussi, Teodora Ungureanu, d'un an plus âgée que Nadia, quitte sa ville de Resita pour venir à Gheorghe Gheorghiu Dej s'entraîner avec les Karoly. Nadia et elle sont vite devenues des amies intimes et forment un duo d'inséparables.

En 1973, en République Démocratique d'Allemagne, Nadia se classe première aux concours multiples, aux barres asymétriques et au saut. Cette année-là, Teodora finit deuxième dans les concours multiples de la Coupe de l'Amitié. Elles se suivent ainsi d'un concours à l'autre.

En 1975, Nadia, agée de treize ans, accède à un autre niveau et s'inscrit dans le club très sélect des championnes internationales. A Skien, en Norvège, elle gagne haut la main le titre de championne d'Europe, se classant première aux concours multiples, aux barres asymétriques, au saut et à la poutre, et deuxième pour les exercices au sol. Plus tard, dans la même année, elle fait encore mieux au tournoi des Championnes féminines, à Londres, en se classant première sur toute la ligne. A quatorze ans, elle était sacrée la plus jeune championne d'Europe de toute l'histoire de la gymnastique.

Cet été-là, elle vint à Montréal, au tournoi préolympique. Elle gagna le concours individuel et l'épreuve des barres asymétriques et se classa deuxième au saut comme aux exercices au sol. Elle est repartie en se disant très déçue de sa performance: elle avait été deux fois la deuxième et n'avait rien gagné à la poutre!

Montréal, 1975.

40

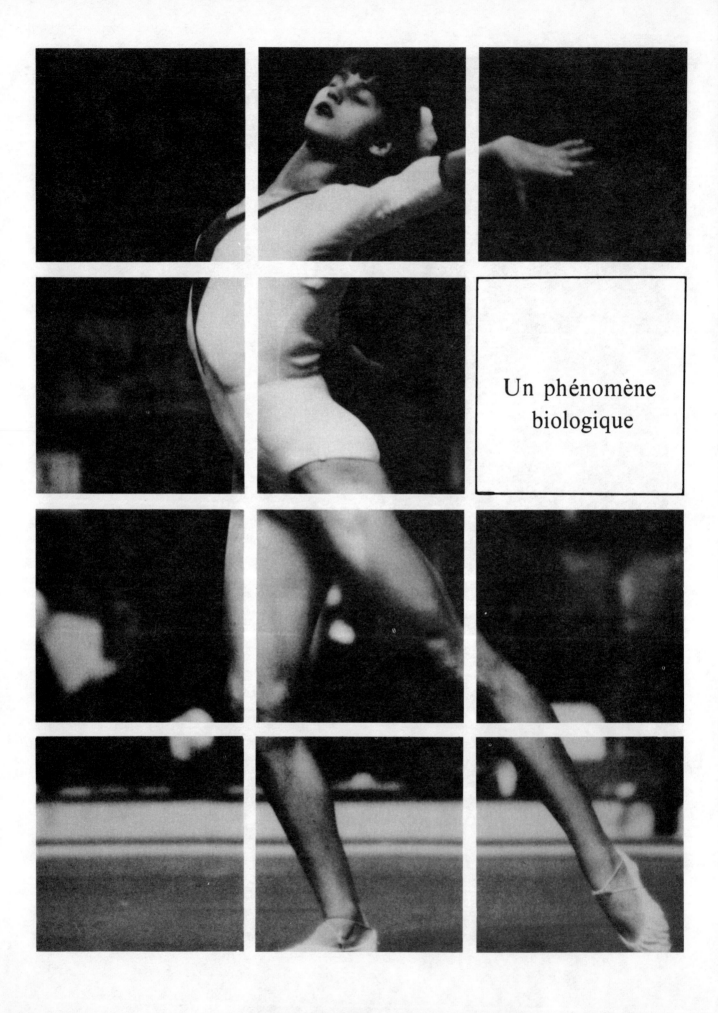

Un phénomène
biologique

Un phénomène biologique

Tous les spécialistes que j'ai rencontrés sont unanimes à dire ceci: Nadia Comaneci est un être humain exceptionnel. Un phénomène biologique. Un succès génétique statistiquement très rare qui cumule, à un degré frisant l'indécence, à peu près toutes les qualités physiques et psychologiques dont on a doté, "sur papier", la gymnaste idéale.

Raymonde Germain du club Gymnix à Montréal: "Nadia est assurément un phénomène humain très rare. Non seulement ne présente-t-elle aucune lacune grave, mais elle possède, à un degré idéal, toutes les qualités requises.Vous pouvez être certain que s'il y avait une Nadia Comaneci en URSS, les Russes l'auraient découverte et en auraient fait la championne du monde. Mais qu'on en ait trouvé une sur la planète est déjà tellement inoui..."

Carol Ann Letherren, de Toronto: "C'est certain qu'après les performances de Nadia, on va devoir repenser tout le code d'évaluation en gymnastique. Mais il ne faut pas se faire d'illusion et s'imaginer qu'on va désormais trouver une nouvelle Nadia à chaque compétition olympique!"

J'ai demandé à André Simard, instructeur au Centre Immaculée Conception de Montréal, à quoi pouvait ressembler le protrait-robot de la gymnaste idéale.

Il s'est lancé dans une longue description technique, parlant de morphologie, de coordination perceptivo-cynétique, d'amplitude articulo-musculaire, d'acuité psychologique et d'équilibre affectif fondamental.

Mais là où il m'a vraiment impressionné, c'est quand il m'a expliqué qu'on pouvait décrire le physique d'une gymnaste idéale comme une 2-6-2.

Cela mérite des explications: on décrit le physique de quelqu'un, (le physique dont il est doté à la naissance, qui peut se développer ou s'atrophier, mais pas se modifier par l'exercice) selon trois critères: celui de la présence et de la répartition des graisses (le profil endomorphique), celui de la qualité et de la forme générale des muscles (le profil mésomorphique) et celui de la ligne générale du corps (un petit court trapu ou un grand maigre élancé: le profil ectomorphique).

On établit une échelle qui va de 0 à 10 pour chacun de ces trois critères. Un type, disons 6-6-6, serait gras, trapu, massif et très fort: un leveur d'haltères, un déménageur de pianos. Un autre, 1-7-2, un grand maigre, long et nerveux, serait sûrement un champion sprinter.

Regardez une photo de Nadia pour comprendre ce qu'est une 2-6-2: de longs bras, de longues jambes, une silhouette longiligne; peu de graisse et une musculature idéale, fine, allongée, flexible et résistante.

Mais Simard ne s'arrête pas là. Il parle ensuite des quatre qualités propres aux muscles du corps humain: la force, la puissance, la résistance et l'endurance.

La force d'un muscle est la tension brute dont il est capable; sa puissance, la rapidité avec laquelle il peut faire un effort, exécuter un mouvement.

L'endurance d'un muscle, c'est sa capacité, disent les spécialistes, de "travailler en dette d'oxygène", c'est-à-dire de fournir un effort extrême et prolongé (120 secondes, aux barres asymétriques) avant de pouvoir se détendre et récupérer l'oxygène qu'il a surconsommé en produisant son effort. La résistance est la qualité contraire: celle de pouvoir produire un effort instantané extrêmement violent et court, comme lever un poids et le laisser tomber.

Pour gagner la médaille d'or, une gymnaste doit être extrêmement puissante et endurante.

Dotée à sa naissance des formes et des qualités physiques nécessaires, Nadia Comaneci suit depuis huit ans un régime très strict qui lui permet de garder cette forme impeccable. Elle passe la majeure partie de ses interminables heures d'entraînement à répéter les exercices et les routines de base, fastidieux pour elle qui adore innover et essayer de nouveaux trucs, mais essentiels au maintien et à l'amélioration de ses qualités musculaires.

La montée des barres asymétriques.

L'excellence physique a, aux yeux du profane, un aspect magique et déroutant: cette aisance de mouvements dont jouissent les danseurs, les gymnastes, les acrobates, les plongeurs, qui leur permet de faire, en des temps extrêmement courts, les gestes, les contorsions les plus compliqués, sans même avoir l'air de se presser. On dirait qu'une puissance magique leur permet de maîtriser le temps, de l'étirer par l'intérieur et d'accomplir, en un trentième de seconde, des prouesses que le commun des mortels a de la peine à seulement imaginer en une pleine seconde.

Regardez faire Nadia aux barres asymétriques: elle pivote autour de la barre inférieure, se projette dans les airs, trouve le temps de faire un tour complet sur elle-même avant de reprendre la barre, faire une pirouette et voltiger jusqu'à celle du haut. Elle est la seule au monde à accomplir cette prouesse; les autres ne s'y risquent pas encore: il leur faudrait trop de temps pour faire le salto avant (un tour sur soi-même) et elles toucheraient le sol avant de s'être rétablies.

Cette faculté de maîtriser le temps et le mouvement s'appelle tout bêtement l'amplitude articulo-musculaire. Quiconque jouit des pré-requis nécessaires au niveau de la musculature (voir plus haut), de la flexibilité de ses articulations (Olga Korbut peut arquer son dos plus loin que tout le monde) et de son système nerveux (une coordination exceptionnelle entre le cerveau, les nerfs et les muscles) peut la développer. Il s'agit d'y mettre les années d'un entraînement rigoureux et incessant.

Une grande force
psychologique

Une grande force psychologique

Mais toute cette nomenclature de l'excellence physique ne suffit pas à déterminer le portrait d'une championne. C'est quand il s'agit de faire le portrait psychologique d'une gymnaste (ou d'un être humain) idéale et parfaite que les savants s'embrouillent dans leurs définitions et argumentent sur les conséquences contradictoires de leurs hypothèses. On n'y est pas encore parvenu: l'âme humaine est trop complexe.

"Mais il y a des indices probants", explique André Simard. "Une gymnaste qui aurait de mauvais résultats en classe, par exemple, ou un comportement social bizarre ou particulier ne pourrait jamais atteindre l'excellence. Ce sont là des signes de perturbation. Comment voulez-vous demander la perfection à quelqu'un de perturbé? La gymnastique, comme tous les autres sports d'élite, ne pardonne pas: il faut que la machine soit parfaitement rodée, parfaitement développée, parfaitement coordonnée. Dès que quelque chose accroche quelque part, cela se voit, cela "paraît". Il n'y a pas de milieu; la perfection est un absolu."

Je trouve son témoignage très important, car il permet d'élucider une question importante quant au comportement de Nadia dans sa vie de tous les jours à Gheorghe Gheorghiu Dej. On se souviendra qu'à Montréal, elle projetait souvent l'image d'une fillette taciturne et renfermée. On se souviendra de son visage sérieux, de ses regards profonds, de ses sourires rares et furtifs. On l'aura vite cataloguée comme un être renfrogné, introverti, comme une "bête de gymnastique", un animal spécialisé, génial en pirouettes, mais incapable de quoi que ce soit d'autre.

Alors on prenait avec un grain de sel les propos des gens de son entourage, comme Simionescu ou Emile Ghibu, chef de la délégation roumaine, qui affirmaient à qui voulait les entendre que Nadia, chez elle, est une petite fille légère, rieuse, de commerce agréable, qu'elle réussit très bien à l'école, malgré ses quatre heures d'entraînement quotidien, et qu'elle est heureuse dans sa famille. Il était facile de croire qu'ils ne rataient jamais l'occasion de dépeindre la petite Nadia comme la fillette modèle rêvée.

Mais des gens qui n'ont pas intérêt à faire sa publicité, comme Raymonde Germain qui est en fréquents contacts avec les gymnastes roumaines et les connaît bien, parlent à peu près dans le même sens: "Il y a plusieurs gymnastes qui font des merveilles, seules dans leur gymnase, et qui perdent tous leurs moyens en compétition, devant la foule. Il y en a d'autres, plus rares, pour qui c'est le contraire et que le stress des concours, la présence des juges, stimulent au plus haut point. Mais Nadia leur est bien supérieure: son attitude change du tout au tout dès qu'elle se met à travailler. Que ce soit au gymnase ou en compétition ne change absolument rien pour elle. La Nadia que nous avons connue à Montréal était la Nadia au travail: extraordinairement concentrée, en possession complète d'elle-même. Mais elle est bien différente chez elle. Je me souviens même de l'avoir vue passer toute une soirée à rire et à s'amuser comme une petite folle, ici même, à Montréal, avec les gymnastes canadiennes, juste avant les Olympiques."

Ces propos de l'entraîneur québécois coïncident avec la version "officielle" du caractère de Nadia, telle que fournis par Maria Simionescu: "Nadia est une gymnaste forte. Elle a des émotions très positives. Elle est d'une grande force psychologique. En compétition, elle ne se laisse jamais impressionner par les juges ou par ses adversaires. Elle subit la pression à merveille.

"Mais c'est certain qu'en dehors du travail, elle se comporte comme tous les autres: elle rit, elle joue, elle crie, elle se fâche, elle pleure. Qu'est-ce que vous croyez? Nadia est un être humain, non?"

Puisqu'on essaie de faire le tour du caractère de Nadia Comaneci, il faut ajouter que, comme plusieurs l'ont remarqué, elle jouit d'un sens de l'observation très développé. On comprend ainsi son extraordinaire facilité d'apprendre. Par exemple, ce salto avant aux barres asymétriques qu'elle est seule à réaliser et qui

49

porte son nom dans le code officiel d'évaluation: elle a commencé à le répéter à l'été de 1974. Moins de neuf mois plus tard, elle éblouissait tout le monde en le présentant, en grande première, au concours de championnat de Skien, en Norvège.

Bela Karoly

Bela Karoly

Nadia Comaneci a beau être le genre d'être humain auquel songeraient des savants désireux d'aller fonder une colonie de super-terriens sur une planète déserte, elle demeure l'élève de Bela Karoly. Et dans le gymnase, leurs tâches sont clairement définies: Bela pense, planifie, exige et dirige; Nadia exécute, assimile et perfectionne.

Des gymnastes québécoises qui les ont plusieurs fois vus travailler ensemble en Roumanie racontent que, bien souvent, Bela laisse Nadia répéter ses routines toute seule et se contente de l'observer, attentivement, mais de loin, de l'autre bout du gymnase parfois. Il peut rester de longs moments ainsi concentré et silencieux, et lui adresser soudain une remarque, un conseil, brièvement et si bas, qu'elle seule peut l'entendre et le comprendre. Huit ans d'une aussi intime association a fini par faire d'eux un seul et même

être, hybride et spécialisé: une grosse tête d'homme fort, exigeant et têtu, et le corps gracieux d'une fillette agile, volontaire et soumise.

Bela Karoly a la réputation d'être un dur, un inflexible. D'être un entraîneur extrêmement exigeant, déterminé, d'une patience inébranlable et d'un goût maniaque pour la perfection.

"Oui, Bela est un entraîneur exigeant, et je dis que c'est très bien ainsi", affirme Maria Simionescu, qui a elle-même travaillé à la formation de Karoly. "La gymnastique est une pratique d'exigence et de précision, qui tend vers la perfection", poursuit-elle, avant de préciser: "Mais n'allez pas croire qu'il soit dur ou méchant avec elle!"

Carol Ann Letherren, juge en chef de la fédération canadienne, ajoute: "C'est le propre d'un bon entraîneur que de connaître avec précision les limites

et les possibilités de son élève. S'il ne la pousse pas assez, elle s'ennuie, devient vite négligente et ses capacités s'émoustillent. S'il exige trop d'elle, il la brise et lui enlève toute motivation."

Le fait demeure cependant que Bela Karoly jouit d'un ascendant complet sur Nadia, qui a déjà confié à ses copines du Québec qu'elle le craignait un peu.

Raymonde Germain, du club Gymnix, à Montréal, raconte cette savoureuse anecdote: c'était en 1975, juste avant une importante compétition internationale. Les équipes canadienne, roumaine et polonaise se partageaient la même salle de réchauffement, fort achalandée. A un certain moment, Karoly dit à Nadia d'aller se placer dans la file, pour attendre son tour de faire un saut au cheval. Gênée, ou simplement boudeuse, Nadia ne bronche pas. Karoly répète son ordre, mais Nadia ne bouge toujours pas. Alors Karoly se fâche et l'envoie se tenir en pénitence dans le coin du gymnase, elle, la championne du monde!

Maria Simionescu confirme d'ailleurs cette ascendance de l'entraîneur sur son élève, quand elle dit: "Quand Nadia sera plus vieille, elle sera sans doute plus personnelle que maintenant. Mais elle n'est encore qu'une enfant... qu'une toute jeune femme, disons."

Nadia dans son gymnase de Gheorghe Gheorghiu-Dej.

La gymnastique
du futur

La gymnastique du futur

Les juges des compétitions de gymnastique n'ont vraiment pas eu la vie facile, à Montréal. Elles ont dû subir la colère de la foule chauffée à blanc du Forum, chaque fois qu'elles donnaient une mauvaise note à ses favorites. Elles ont dû prendre sur elles de créer un précédent, et accorder des notes parfaites à Nadia Comaneci, sachant pertinemment que cette décision, prise en un éclair, allait révolutionner l'avenir de la gymnastique de pointe. Elles ont dû essuyer les critiques et les accusations de partialité, d'incompétence, de subjectivité venant de la part de gens qui, bien souvent, savaient à peine comment fonctionnent les compétitions de gymnastique.

Valerie Nye, de Montréal, juge en chef de l'équipe canadienne, décrit les exigences de ses fonctions: "La responsabilité d'un juge est fort grande: elle doit, en une fraction de seconde, évaluer le fruit de nombreuses années de travail. Elle doit pouvoir différencier chacune des composantes d'un mouvement, tout en conservant une image précise de l'ensemble. Avec une grande précision (au dixième de point), elle doit évaluer l'aspect technique tout en appréciant la présentation artistique. De plus, au cours de toute la compétition, elle ne doit oublier ni négliger aucune des participantes.

"Au saut de cheval, poursuit Nye, le juge ne dispose que d'une fraction de seconde pour enregistrer visuellement le saut de la gymnaste. Elle doit, pendant ce court laps de temps, évaluer la distance et la hauteur du premier et du second envol (du tremplin au cheval et du cheval au sol), de même que le dynamisme du mouvement. Il faut ensuite reviser mentalement (reprise mentale instantanée) tous les aspects individuels du saut, afin d'effectuer les déductions nécessaires aux chapitres de la position du corps, de l'équilibre, de la direction, de la répulsion (du tremplin) et de la réception (au sol). Tout bon juge au saut de cheval doit posséder cette capacité de recréer mentalement une image juste."

Si les spécialistes ont de la difficulté à juger une performance de gymnastique, le commun des mortels, lui, a toutes les peines à se retrouver dans l'organisation d'une compétition olympique et, à plus forte raison, à comprendre les systèmes d'évaluation.

La gymnastique féminine comprend quatre genres d'exercices: les exercices au sol, à la poutre, aux barres asymétriques et au saut de cheval.

Il y a deux rondes d'exercices pour chaque appareil: les exercices imposés (ou obligatoires) déterminés par les juges et qui sont, évidemment, les mêmes pour tout le monde, et les exercices facultatifs (volontaires) qui, à l'intérieur de certaines limites de temps et de "degré minimum de difficulté" sont laissés à la discrétion de la gymnaste et de son entraîneur.

Il existe des concours par équipe et des concours individuels organisés de la même manière: exercices imposés suivis des exercices facultatifs.

Dans toutes les grandes compétitions, on commence d'abord par les concours en équipe. Chacune des gymnastes de chaque équipe fait chacun de ses exercices et reçoit une note individuelle pour chacun. On fait d'abord la ronde des exercices imposés, puis celle des exercices facultatifs.

Pour déterminer l'équipe championne, on fait d'abord le total des notes obtenues par chaque gymnaste de chaque équipe, à chacun des appareils, lors des exercices imposés, puis lors des exercices libres.

On fait ensuite le total des points obtenus par les cinq meilleures gymnastes de chaque équipe, à chaque appareil, à l'imposé puis au facultatif; puis on additionne les totaux obtenus à chacun des quatre appareils pour trouver le résultat de l'équipe, aux exercices imposés et aux facultatifs.

Ces deux totaux finalement additionnés donnent la note totale de l'équipe et servent à déterminer l'équipe championne.

Une première série de récompenses individuelles sont accordées, après ces compétitions par équipe, aux trois gymnastes qui ont obtenu le plus grand nombre de points au classement général individuel.

57

Les athlètes défilent derrière la table des juges (en foncé) et de leurs substituts (en clair). Maria Simionescu, juge en chef de la délégation roumaine, est la deuxième à partir de la gauche.

Si Nadia fut la grande championne, à Montréal l'équipe russe a déclassé celle de la Roumanie et accepte gracieusement ses félicitations.

Pour déterminer quelles sont ces trois meilleures, on fait le total des huit notes qu'elles ont obtenues aux exercices imposés et aux facultatifs. On divise ce total basé sur 80 par 2, pour le réduire à une base de 40.

On organise ensuite un deuxième concours où seuls les exercices facultatifs sont répétés, aux quatre appareils. Ce total, sur 40, est additionné au précédent pour déterminer la note finale, sur 80.

Ainsi, aux dernières olympiades, même si l'équipe roumaine s'est classée deuxième, c'est Nadia Comaneci qui s'est classée première, au total individuel des épreuves. Elle a récolté 39,35 points (sur 40) aux exercices obligatoires et 39,70 aux exercices facultatifs, pour un total de 79,05. Elle s'était classée première aux barres asymétriques (10/10 à l'imposé, 10/10 au facultatif), première à la poutre (9,90 et 10), troisième au sol et troisième au saut, derrière Turischeva et Nelli Kim.

Ces compétitions par équipes se trouvent à jouer, en même temps, le rôle de "séries éliminatoires" qui déterminent quelles seront les meilleures gymnaste autorisées à participer aux compétitions finales individuelles qui viennent ensuite. Le règlement stipule qu'on choisit les 6 meilleures gymnastes à chaque appareil. Mais il limite à 2 les gymnastes d'un même pays participant aux finales pour un même appareil.

Les compétitions individuelles ou, en langage technique, les finales individuelles, sont plus faciles à suivre, puisqu'il n'y a plus que 36 concurrentes.

Chacune fait ses exercices aux quatre appareils, les imposés, puis les facultatifs. Des médailles sont décernées aux trois meilleures à chaque appareil, à l'imposé et au facultatif, et à celles qui ont amassé le plus grand nombre de points au total.

Nadia est évidemment arrivée première au classement général, avec 79,275 points (sur 80) devant Nelli Kim (78,675) et Ludmila Turischeva (78,625). Elle s'est classée première aux barres asymétriques (10 sur 10 à l'obligatoire et au facultatif) et à la poutre (9,90 et 10). Elle est arrivée troisième aux exercices au sol, derrière Kim et Turischeva, et quatrième au saut, derrière les deux Soviétiques et l'Allemande de l'Est Carola Bombeck.

On fait appel à cinq officielles pour juger chacun des exercices, à chacun des appareils: quatre juges et une juge-arbitre, dont le jugement ne sera considéré qu'en cas de désaccord majeur entre les quatre autres.

Chacune des juges accorde une note après chaque performance. La plus haute et la plus basse de ces quatre notes sont immédiatement éliminées. On additionne ensuite les deux autres et on divise par deux le résultat obtenu pour obtenir la note finale accordée à la gymnaste.

Si les notes accordées sont 9, 9,30, 9,60 et 10, on supprime le 9 et le 10. On additionne les deux autres (9,30 + 9,60 = 18,90) puis on divise par deux pour obtenir: 9,45, la note officielle affichée au tableau.

forum			july 19 juil	20:15	sommaire / summary		
gymnastique femmes			concours 1a & 1b		classement par equipes		
gymnastics women			competition 1a & 1b		team classification		
					date/hr: 19/21:38	fin:	rpd

rang pays rank cntry	saut vault	b.asy un.b	poutr beam	sol floor	impose compul.	volonte option.	total
1 urs	48.70	48.85	47.95	48.70	194.20		
	49.00	49.00	48.95	49.20		196.15	390.35
2 rom	47.95	49.15	48.05	47.55	192.70		
	48.05	49.35	48.80	48.25		194.45	387.15
3 gdr	47.95	48.70	47.10	47.85	191.60		
	48.75	49.10	47.30	48.35		193.50	385.10
4 hun	47.55	48.25	46.20	46.65	188.65		
	47.95	48.35	47.50	47.70		191.50	380.15
5 tch	46.80	46.65	46.45	47.45	187.35		
	47.30	48.45	46.80	48.35		190.90	378.25
6 usa	47.15	47.60	46.05	46.85	187.65		
	46.85	48.10	44.60	47.85		187.40	375.05
7 ger	46.80	46.85	45.75	46.40	185.80		
	46.75	47.40	46.65	46.90		187.70	373.50
8 jpn	46.55	46.35	45.65	46.50	185.05		
	47.20	47.50	45.05	47.30		187.05	372.10
9 can	45.90	45.75	44.70	46.10	182.45		
	46.80	47.75	45.30	47.35		187.20	369.65
10 bul	45.95	46.40	45.30	45.60	183.25		
	46.60	46.90	45.40	47.00		185.90	369.15

Résultats détaillés des compétitions par équipes, aux quatre appareils, aux exercices imposés et aux facultatifs. A Montréal, l'équipe soviétique fut championne.

```
forum                    july 19 juil   20:15    sommaire / summary
gymnastique femmes   concours 1a & 1b      class. indiv. total des epreuves
gymnastics women     competition 1a & 1b     ind. classification all around
                          date/hr: 19/21:54   appr:  rpd
```

rang rank	ath. no.	nom	pays	impose compul.	volonte option.	total total	prelim. prelim.
1	73	comaneci,nadia	rom	39.35	39.70	79.05	39.525
2	90	kim,nelli	urs	38.80	39.45	78.25	39.125
2	93	tourischeva,ludmila	urs	38.85	39.40	78.25	39.125
4	79	ungureanu,teodora	rom	38.85	39.20	78.05	39.025
5	91	korbut,olga	urs	38.80	39.15	77.95	38.975
6	29	escher,gitta	gdr	38.65	38.95	77.60	38.800
7	92	saadi,elvira	urs	38.65	38.80	77.45	38.725
8	32	kische,marion	gdr	38.40	38.80	77.20	38.600
9	49	egervari,marta	hun	38.20	38.85	77.05	38.525
9	87	filatova,maria	urs	37.95	39.10	77.05	38.525
9	89	grozdova,svetlana	urs	38.80	38.25	77.05	38.525
12	30	gerschau,kerstin	gdr	38.25	38.75	77.00	38.500
13	31	hellmann,angelika	gdr	38.20	38.70	76.90	38.450
14	74	constantin,mariana	rom	38.15	38.60	76.75	38.375
15	76	grigoras,anca	rom	38.15	38.55	76.70	38.350
16	84	pohludkova,anna	tch	37.80	38.65	76.45	38.225
17	52	medveczky,kriszta	hun	37.80	38.35	76.15	38.075
18	78	trusca,gabriela	rom	38.00	38.10	76.10	38.050
19	55	toth,margit	hun	37.70	38.35	76.05	38.025
20	35	bieger,andrea	ger	37.55	38.40	75.95	37.975
21	33	kraker,steffi	gdr	37.90	37.80	75.70	37.850
21	75	gabor,georgeta	rom	37.60	38.10	75.70	37.850
23	81	holkovicova,ingrid	tch	37.20	38.40	75.60	37.800
24	95	chace,kimberly	usa	37.60	37.85	75.45	37.725
25	54	ovari,eva	hun	37.40	38.00	75.40	37.700

Les résultats individuels, à la suite des compétitions par équipes, servent aussi de "série éliminatoire" aux finales individuelles. Les quatre colonnes indiquent le total des résultats obtenus aux quatre appareils, aux exercices facultatifs et aux imposés. Le résultat *préliminaire* est le total divisé par deux.

```
forum                    july 21 juil   16:00    resultats / results
gymnastique femmes   concours 2              finale concours multiple indiv.
gymnastics women     competition 2         ind. all around competition final
                          date/hr: 21/22:58   fin:  jb
```

rang rank	ath. no.	nom	pays	saut vault	b.asy un.b.	poutr beam	sol floor	finale final	prelim. prelim.	total total
1	73	comaneci,nadia	rom	9.85	10.00	10.00	9.90	39.75	39.525	79.275
2	90	kim,nelli	urs	10.00	9.90	9.70	9.95	39.55	39.125	78.675
3	93	tourischeva,ludmila	urs	9.95	9.80	9.85	9.90	39.50	39.125	78.625
4	79	ungureanu,teodora	rom	9.75	9.90	9.90	9.80	39.35	39.025	78.375
5	91	korbut,olga	urs	9.80	9.90	9.50	9.85	39.05	38.975	78.025
6	29	escher,gitta	gdr	9.90	9.85	9.55	9.65	38.95	38.800	77.750
7	49	egervari,marta	hun	9.90	9.90	9.35	9.65	38.80	38.525	77.325
8	32	kische,marion	gdr	9.75	9.80	9.10	9.70	38.35	38.600	76.950
9	30	gerschau,kerstin	gdr	9.65	9.75	9.65	9.25	38.30	38.500	76.800
10	84	pohludkova,anna	tch	9.50	9.75	9.50	9.80	38.55	38.225	76.775
11	74	constantin,mariana	rom	9.80	9.80	9.00	9.65	38.25	38.375	76.625
12	35	bieger,andrea	ger	9.70	9.70	9.30	9.60	38.30	37.975	76.275
13	52	medveczky,kriszta	hun	9.70	9.30	9.30	9.60	37.90	38.075	75.975
14	95	chace,kimberly	usa	9.50	9.70	9.45	9.50	38.15	37.725	75.875
15	82	knopova,jana	tch	9.40	9.60	9.60	9.65	38.25	37.550	75.800
16	81	holkovicova,ingrid	tch	9.75	9.70	8.90	9.60	37.95	37.800	75.750
17	55	toth,margit	hun	9.50	9.75	8.75	9.55	37.55	38.025	75.575
18	98	willcox,debra	usa	9.60	9.45	9.25	9.50	37.80	37.525	75.325
18	99	wolfsberger,leslie	usa	9.40	9.60	9.45	9.55	38.00	37.325	75.325
20	64	hironaka,miyuki	jpn	9.55	9.50	9.30	9.45	37.80	37.500	75.300
21	4	chatarova,nadia	bul	9.80	9.75	9.25	9.40	38.20	36.950	75.150
22	46	smulders,ans	hol	9.45	9.70	9.20	9.45	37.80	37.300	75.100
23	56	bucci,stefania	ita	9.45	9.45	9.35	9.60	37.85	37.150	75.000
23	38	oltersdorf,jutta	ger	9.40	9.70	9.25	9.35	37.70	37.300	75.000
25	47	van ravestijn,jeannette	hol	9.45	9.55	9.10	9.50	37.60	37.100	74.700

Les résultats de la compétition finale, aux différents appareils. Nadia s'est classée première aux barres et à la poutre, troisième au sol et quatrième au saut.

On comprend ainsi que pour que Nadia obtienne 10/10, il a fallu qu'aux moins trois juges s'accordent pour juger sa performance absolument parfaite.

Il ne faut cependant pas croire que, pour y parvenir, les juges se servent de leur seul bon sens ou de leurs convictions personnelles quant à la nature de la perfection en gymnastique.

Elles doivent se référer à un code d'évaluation très strict, très précis, qui détermine les exigences minimales imposées à chaque exercice, fait la nomenclature de toutes les erreurs, de toutes les omissions et de toutes les imperfections possibles, et prévoit les pénalités encourues par chacune. Il contient aussi une description technique et graphique de tous les mouvements connus à chacun des appareils, et les classe, selon le degré de difficulté que présente leur exécution, dans la catégorie de *difficulté moyenne* ou de *difficulté supérieure.*

C'est dans ce code, par exemple, qu'est décrit et homologué "Comaneci", le mouvement de sortie aux barres asymétriques présenté par Nadia à Montréal, qui a si grandement contribué à lui valoir sa note parfaite aux exercices facultatifs.

Pour déterminer les enchaînements aux exercices imposés, par exemple, les juges choisissent dans ce code quatre mouvements de difficulté moyenne et trois de difficulté supérieure, et déterminent dans quel ordre on doit les exécuter.

L'évaluation des exercices facultatifs est évidemment plus complexe, puisque leur composition même est inédite, et qu'elle comporte un élément de surprise et d'originalité dont on doit tenir compte dans l'évaluation.

Ces exercices facultatifs sont jugés comme suit: 5 points sont accordés pour la composition de l'exercice, 5 points pour son exécution.

Les 5 points accordés à la composition de l'exercice se subdivisent comme suit: 3 points sont accordés à la valeur des éléments de difficulté qu'il contient; l'originalité et la valeur des enchaînements entre les mouvements sont évalués sur une base de 1,5 point, et 0,5 point est accordé à la valeur de la composition générale de l'exercice.

Les 5 points accordés à l'exécution se répartissent en deux catégories: 4 points vont pour évaluer l'exécution elle-même, et 1 point est accordé à l'impression générale produite par la performance de la gymnaste.

Cela signifie donc qu'aux barres asymétriques, par exemple, où elle excelle (c'est l'exercice préféré de Nadia, parce qu'il lui permet d'innover sans cesse) Comaneci a exécuté tous les éléments de difficulté moyenne et supérieure prescrits, qu'on n'avait rien à redire à l'originalité de son choix de mouvements, à l'ordre dans lequel elle les a exécutés, et aux enchaîne-

ments qu'elle avait imaginés pour les relier les uns aux autres, ce qui permit aux juges d'affirmer que la valeur de la composition générale de son exercice était impeccable.

On a aussi jugé que l'exécution de tous ses mouvements et leur amplitude étaient irréprochables, et que l'impression générale qu'ils laissaient en était une de perfection. On lui a donc, pour la première fois aux Olympiques, décerné une note parfaite.

Si Nadia était tombée des barres, elle aurait perdu 0,50 point. Si elle avait, par erreur, frôlé le sol, elle aurait pu perdre jusqu'à 0,50 point encore. Si elle avait amorcé sa sortie à partir d'une position statique (le règlement stipule que la sortie doit s'amorcer à la fin d'un mouvement précédent, sans temps d'arrêt) elle aurait pu perdre 0,40 point. Si elle s'était arrêtée pendant son exercice, si elle avait hésité même une fraction de seconde, on aurait soustrait 0,20 point de son total. Si sa prise de contact avec le sol avait été hésitante, si elle avait dû écarter les bras pour retrouver son équilibre, si un de ses pieds avait touché le sol avant l'autre, elle aurait pu perdre jusqu'à 0,5 point, selon la gravité de son hésitation. Tout cela est prévu dans le code. Mais Nadia fut impeccable. Et on doit maintenant repenser le code.

C'est ce qu'en dit Jackie Fie, juge en chef de la Fédération américaine de gymnastique. Avec Carol Ann Letherren et Maria Simionescu, entre autres, elle vient d'être élue membre du comité technique de la Fédération internationale de gymnastique.

Dès le début de 1977, ce comité doit se réunir une première fois pour discuter, justement, de l'éventuelle réforme du code d'évaluation, dont il est responsable. Tout comme Simionescu et Letherren, Jackie Fie est d'avis qu'il faut maintenant prendre les mesures pour rehausser le seuil de perfection établi dans le code, puisqu'il a été atteint et franchi.

Jackie Fie: "Si vous me dites que toutes les notes étaient trop élevées, aux dernières olympiades, je vais être d'accord avec vous. Mais il ne fait aucun doute que Nadia Comaneci a mérité les notes parfaites qu'elle a reçues. Que voulez-vous, elle fut parfaite! Elle a rencontré toutes les exigences du code. Que pouvait-on faire d'autre, surtout après avoir accordé 9,9 à la concurrente précédente?"

Selon elle, il s'agirait que l'on refasse l'échelle des point accordés pour un exercice de façon que le maximum possible soit de 9,7 par exemple, au lieu de 10. Ainsi, les juges disposeraient-elles d'une "marge de sécurité" de 3/10 de point, qu'elles pourraient accorder pour des performances nettement exceptionnelles.

C'est une vieille tactique utilisée par tous les entraîneurs, lors des concours par équipes, que d'envoyer les moins bonnes gymnastes faire leurs exercices en premier, dans l'espoir qu'elles obtiennent une

bonne note; les meilleures, qui suivront et feront vraisemblablement mieux, auront toutes les chances d'obtenir alors une note supérieure.

Selon Jackie Fie, on pourrait éviter le genre de problème qui se pose quand Nadia Comaneci fait mieux que la concurrente précédente qui a obtenu 9,9, en trouvant une façon juste et adéquate de retrancher un ou deux dixièmes de points à tout le monde, au milieu de la compétition, de façon à éviter cette inflation des scores et l'éventualité, comme le disait la chanson à l'aéroport de Bucarest, d'accorder 20 sur 10 à la championne!

On devra aussi songer à éliminer certains exercices de la catégorie des difficultés moyennes, et à replacer certains autres considérés comme "très difficiles" dans la classe des difficultés moyennes. Il pourrait aussi être question d'instaurer une troisième catégorie d'exercices "de très haute difficulté" et de trouver une façon de récompenser ceux qui les exécuteront. Ce qui impliquerait une refonte complète de la grille des points.

Carol Ann Letherren: "Justement, aux exercices facultatifs, les meilleures gymnastes font beaucoup plus que le nombre minimum d'exercices des deux catégories exigés d'elles. Et plus les exercices sont difficiles, plus les chances de commettre des erreurs sont grandes. Mais nous n'avons à peu près rien pour les récompenser de cet effort supplémentaire."

Aucune d'entre elles n'a pris au sérieux la suggestion d'évaluer désormais les exercices sur une base de quinze, vingt ou même cent points. Le nombre total est sans importance: c'est la proportion de points alloués selon les différents critères (difficulté, exécution, originalité, etc.) qui importe.

Mais quelle que soit la décision à laquelle arriveront les membres du comité technique, il est très peu probable qu'elle entre en vigueur avant la fin de 1977 au plus tôt. En effet, il faudra donner aux gymnastes et à leurs entraîneurs le temps de s'habituer à la nouvelle formule du code d'évaluation. Les prochains championnats mondiaux de 1978, en France, n'en seront donc pas affectés.

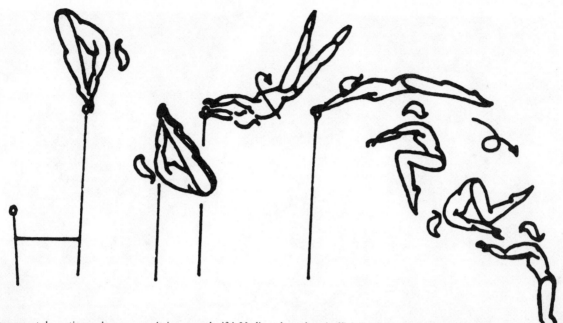

Le mouvement de sortie aux barres asymétriques, exclusif à Nadia et homologué officiellement dans le CODE DE POINTAGE de la Fédération internationale de gymnastique sous le nom de *Comaneci*.

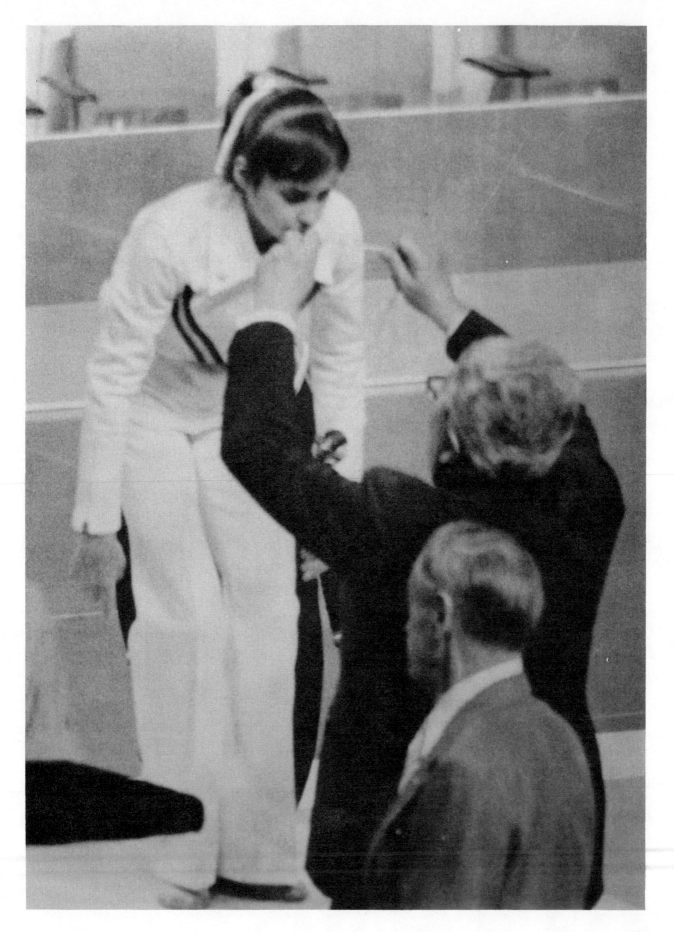

Nadia s'est dite déçue de n'avoir pas remporté...

...toutes les médailles d'or à Montréal.

Une citoyenne
prestigieuse

Une citoyenne prestigieuse

Tout de suite après le retour de sa fille, Gheorghe Comaneci a emmené son petit monde passer deux semaines de vacances à Mamaia, la plus grosse station balnéaire roumaine, sur la côte de la Mer Noire. La famille a fait le long voyage vers la mer à bord de la Dacia toute neuve (une Renault 15 construite sous licence en Roumanie) gracieusement offerte par le gouvernement.

Il n'y a pas d'embouteillages en Roumanie. Les voitures privées ne sont pas très nombreuses. Quand on sait qu'une Dacia coûte, là-bas, dans les $7 000 et que le salaire annuel d'un ouvrier moyen est bien inférieur à $3 000, on se dit que M. Comaneci a reçu un cadeau bien important. Cela seul suffirait à indiquer que les performances et les succès de Nadia étaient aussi très importants pour son gouvernement. Mais il y a beaucoup plus. Nadia a reçu la très rondelette somme de 200 000 lei - environ $17 000 - qui lui assurent désormais aisance et sécurité financière.

Mais la véritable récompense de tous ses efforts lui est venue après ses vacances, à la fin du mois d'août, quand elle fut officiellement reçue par le président de la république, M. Nicolae Ceaucescu.

Au cours d'une cérémonie monstre tenue dans l'enceinte remplie à craquer du plus gros stade de Bucarest, il lui a décerné les plus hauts honneurs auxquels peut aspirer un citoyen roumain. Il lui a conféré le titre d'Héroïne du Travail socialiste et lui a remis la Médaille d'or de la Faucille et de Marteau, pour "souligner sa contribution au développement du sport amateur et à l'amélioration du prestige sportif international de la Roumanie."

Les autres membres de l'équipe n'ont pas été négligés non plus, ce jour-là. Teodora Ungureanu, médaille de bronze à Montréal, Bela Karoly, leur entraîneur et Marin Draegna, président du Conseil national d'Education physique, furent décorés de l'Ordre du Travail socialiste première classe.

Martha Karoly, Maria Simionescu et Emile Ghibu, président de la Fédération roumaine de gym-nastique, ont reçu la médaille du Mérite sportif de première classe; et les autres gymnastes qui se sont rendues à Montréal, la médaille du Mérite sportif de deuxième classe.

En Roumanie, la gymnastique et les succès sont des affaires d'envergure nationale.

Il faut bien comprendre que dans un pays socialiste, où les chances d'amasser une fortune personnelle plus grande que celle de son voisin sont plutôt minces, les différences entre les individus viennent surtout de *l'importance* qu'ils prennent dans la société, et des facilités auxquelles cette importance donne droit.

Quel est le statut sportif de Nadia Comaneci en Roumanie, maintenant qu'elle est riche, célèbre, décorée et importante? "Une écolière de Gheorghe Gheorghiu Dej qui a déjà recommencé à s'entraîner en vue des prochaines compétitions et que le succès n'a pas affectée", répond-on immédiatement.

A la fin de septembre dernier, la rumeur voulant que Nadia revienne faire une tournée en Amérique, comme l'avait fait Olga Korbut après Munich (elle avait rapporté une fortune à son gouvernement, en remplissant les amphithéâtres un peu partout aux Etats-Unis) ne pouvait être confirmée. On m'a présenté deux commentaires: le premier dit qu'on ne veut pas faire de simples acrobates des Comaneci et des Ungureanu; le second, qu'on ne veut surtout pas compromettre... leur statut d'amateur. Disons que Nadia est une amateur...choyée...!

Le président Ceaucescu confère à Nadia Comaneci les hauts honneurs auxquels peut prétendre un citoyen roumain.

La gymnastique
en Roumanie

La gymnastique en Roumanie

Sans remonter au déluge ou, plus précisément à la Deuxième Guerre mondiale et aux ravages causés, en Roumanie, par les blindés allemands qui se rendaient envahir la Russie, par les bombardiers américains qui tentaient de les en empêcher, puis par les Russes qui refoulèrent les Allemands jusque chez eux, il est important de savoir que la Roumanie était un pays ravagé et désolé quand eut lieu la révolution socialiste, à la fin des années 40. Il faut aussi savoir que cette révolution fut menée de l'intérieur du pays, à la campagne d'abord, et dans les villes ensuite, par des gens qui n'avaient plus rien à perdre. Et que la Roumanie socialiste n'est pas un satellite de l'URSS, avec qui elle a des relations assez froides et souvent tendues. Les observateurs estiment que ce sont les prodiges de diplomatie du président Ceaucescu qui lui ont évité, jusqu'à aujourd'hui, de subir le sort de la Tchécoslovaquie.

Ce dernier point explique en partie les excellentes relations sportives qui existent entre la Roumanie et le Canada: des gymnastes ne peuvent se préparer à affronter le stress des compétitions internationales sans se faire régulièrement la main, au cours de rencontres bilatérales. L'URSS, la Tchécoslovaquie, la Hongrie et l'Allemagne de l'Est, par exemple, constituent une espèce de ligue à part, dotée d'un calendrier de rencontres très chargé. La Roumanie et le Canada se mesurent ainsi souvent dans des rencontres bilatérales.

Si la Roumanie d'hier était un pays ravagé, celle d'aujourd'hui est un pays encore austère et sévère, tout occupé à se reconstruire.

Les salaires sont maintenus très bas et la majorité des profits est immédiatement réinvestie dans le développement économique. Le chômage n'existe pratiquement pas. Quiconque ne parvient pas à trouver un emploi qui lui plaît doit accepter celui que lui propose le gouvernement, dans des régions lointaines bien souvent, où personne n'a envie d'aller de son plein gré. Hommes et femmes travaillent à salaire égal. Les salaires sont bas, mais les logements sont gratuits (30 000 nouvelles unités par an, à Bucarest), le transport en commun et les services essentiels, très peu chers. Mais le luxe est absent, ou alors hors de prix et réservé aux seuls touristes, nombreux en Roumanie, et grands dispensateurs de devises étrangères.

Aux étrangers de passage, les Roumains donnent une impression de laborieuse abnégation, de gros sacrifices consentis aujourd'hui au nom d'un demain confortable et prospère. Ils font un peu penser à des parents au revenu modeste qui économisent toute leur vie durant pour envoyer leurs enfants à l'Université et assurer leur prospérité. Ou encore à une gymnaste comme Nadia Comaneci qui, à quatorze ans, a passé un minimum de quatre heures par jour, pendant les huit dernières années (12 000 heures!) à répéter, détail par détail, difficulté par difficulté, chacun de ses exercices, sous la férule de Karoly. Tout cela, finalement, pour venir éblouir le monde entier à Montréal et, comme le dit le président Ceaucescu, rehausser le prestige sportif international de la Roumanie.

L'importance nationale de la gymnastique est consacrée par un texte de la loi roumaine et ce n'est pas par hasard. Sa rigueur, sa difficulté, les sacrifices qu'elle impose, les qualités qu'elle exige et celles qu'elle développe seyent à merveille à la mentalité roumaine d'aujourd'hui et s'accordent parfaitement avec les objectifs de grandeur et de succès qu'elle s'est fixés pour demain.

Ce n'est pas par hasard que l'école de gymnastique de Nadia, de Teodora, de Karoly, est située à Gheorghe Gheorghiu Dej. Cette ville industrielle, construite à partir de rien au milieu de nulle part est, pour le gouvernement roumain, le symbole même de l'excellence des principes économiques qui l'animent et des moyens de les appliquer. Pour lui, Gheorghe Gheorghiu Dej représente la Roumanie de demain. A la population roumaine, le gouvernement présente Nadia Comaneci, Héroïne du Travail socialiste,

Dans le salon de ses parents, Nadia en compagnie du directeur de son gymnase. (Photo Benoît Aubin)

Dans le salon de ses parents, Nadia en compagnie du directeur de son gymnase. (Photo Benoît Aubin)

comme le type idéal des Roumaines de demain. Et au reste du monde, il la présente comme un échantillon de la Roumanie d'aujourd'hui.

Ce n'est pas non plus un hasard si la championne du monde en gymnastique est une Roumaine, pas plus qu'il n'est étonnant que Guy Lafleur soit un Québécois. On ne s'étonne pas de ce que tant de grands joueurs de hockey viennent du Québec quand on apprend que, cet hiver par exemple, 250 000 jeunes garçons joueront au hockey dans une ligue organisée.

En Roumanie, tous les enfants, garçons et filles, font de la gymnastique plus ou moins sérieusement. Dans les parcs de Bucarest, de Bacau, de Brashov, les bambins perfectionnent leurs saltos arrières, tout comme ceux de Montréal et de Québec répètent leurs lancers frappés sur des plaques de glace, dans la ruelle, après l'école.

Une championne de gymnastique se prépare, se fabrique, se mérite. Mais ne s'improvise pas.

A l'entraînement, sous l'oeil de Bela Karoly.

Adorable Nadia

Adorable Nadia

Les spécialistes qui ont consacré leur vie à la gymnastique d'élite, aussi bien que les profanes qui n'en ont découvert les prodiges qu'en juillet dernier, gardent tous, imprimée dans leur mémoire, une image surnaturelle et familière, personnelle et universelle de la grande Nadia Comaneci en action.

Demandez à ceux qui vous entourent: on la revoit, pliée en deux, bras et jambes parfaitement tendus, arrondie et dense comme un projectile dans l'interminable espace entre les barres asymétriques.

On la revoit, blanche et fragile, pure et sophistiquée, à quelques pouces au-dessus de la poutre, figée là comme une mouette qui va se poser, son regard profond et sombre perdu dans un univers connu d'elle seule où le poids et la masse, le temps et le mouvement ne sont plus les obstacles que nous connaissons, et où des choses impossibles se peuvent.

On la revoit, grande et forte et musclée et maîtresse du monde, partie très loin du sol, dans un grand saut interminable, alors qu'elle réussissait l'impossible, condensant, en 125 secondes, et devant un milliard de spectateurs, les joies et les larmes, les peines et les fatigues de 12 000 heures d'un entraînement fastidieux, inlassablement repris sous le regard exigeant et rarement satisfait de Bela Karoly.

On la revoit, au Forum, gracile et ravie, littéralement portée par le tonnerre de la foule hystérique et émue, qui voulait tout à la fois la féliciter, l'embrasser, la cajoler, l'adopter, la garder pour elle, lui arrachant, c'est aussi rare, son plus grand, son plus lumineux sourire. Un sourire que seule peut produire la brusque libération d'années et d'années de tension, d'efforts et de concentration. Un sourire de victoire sur elle-même, de victoire sur les limites jusqu'alors consacrées de la machine humaine. Ce jour-là, Nadia Comaneci s'est donnée tout entière, et sans hésitation.

Cette humanité de Montréal s'est comportée, par journalistes interposés, exactement comme celle de Gheorghe Gheorghiu Dej, qui s'est précipitée à ses trousses à sa sortie de la cour de l'école, au risque de périr écrasée sous sa propre masse, au risque d'abîmer sa fragile idole.

Nadia a payé pour son charme. Elle a payé de sa personne, de son temps, de son énergie. Elle y a peut-être laissé les derniers lambeaux de son enfance insouciante passée avec ses poupées, ses toutous, passée à jouer à des jeux anodins avec ses copines de la rue Timeretului, à jouer à s'entraîner pour devenir une gymnaste.

"Au début, ce n'était pas sérieux, je m'amusais" me dit-elle, appuyée à la rembarde du balcon, chez ses parents.

—Et maintenant?

—Maintenant, c'est du travail, jette-t-elle comme ironique, en regardant en bas.

Il aurait fallu comprendre plus tôt, à Montréal, et tâcher d'être raisonnable. Il n'aurait fallu lui demander rien de plus que ces moments d'extase concentrée et fulgurante du Forum.

Retombée sur terre, réincarnée en bipède semblable aux autres, soumise aux lois de la fatigue et de l'ennui, elle redevenait cette fillette à la silhouette rigide, aux bras trop longs, aux mains trop fortes, aux épaules trop larges.

Elle redevenait cette adolescente distante et intimidée, ses cheveux raides en balai sur son front têtu, pas forcément élégante, pas forcément séduisante, qui se demandait bien ce que tout ce monde empressé pouvait bien lui vouloir, maintenant qu'elle était redevenue semblable à eux tous.

Revenue sur terre, un peu comme un cygne, si élégant sur l'eau, qu'on surprend à claudiquer sur le gazon, elle cessait d'appartenir à l'humanité entière. Elle redevenait un membre de l'équipe roumaine de gymnastique, ambassadrice de son peuple et de son gouvernement aux Olympiques. Elle redevenait la protégée de la Fédération roumaine, "marrainée" par Maria Simionescu, pilotée, surveillée par Bela Karoly, obligée de passer par un interprète, malgré sa

Nadia, ses parents et son toutou favori, sur le balcon des Comaneci, à Gheorghe Gheorghiu Dej. (Photo Brigitte Aubin)

bonne connaissance du français et bien qu'elle se débrouille fort bien en anglais aussi.

Elle devenait la cible de toutes les litanies de questions, inévitables, répétées sans fin d'une entrevue à l'autre, d'une langue à l'autre: "A quoi pensais-tu pendant les exercices, au Forum?", "T'attendais-tu vraiment de remporter des médailles?", "Etais-tu intimidée par la présence des grandes vedettes, comme Turischeva ou Nelli Kim?", "As-tu un petit ami?", auxquelles elle rétorquait: "Je ne pensais à rien au Forum, oui, j'étais sûre de gagner toutes les médailles d'or, et je suis un peu déçue de n'en avoir remporté que trois, non, les Russes ne m'ont pas vraiment impressionnée, la seule adversaire de taille que j'aie est Teodora Ungureanu, j'ai plusieurs amis, certains sont des garçons, etc."

C'est la principale caractéristique du métier de journaliste que de pénétrer dans la vie des gens dans ses moments les plus intenses, les plus critiques, les plus exposés, qu'il y ait de la place ou pas, qu'on soit bienvenu ou pas.

Mais avec Nadia, les choses étaient un peu différentes. Nadia n'est pas une star, pas une vedette qui a le showbizz dans le sang, comme René Simard, par exemple.

Nadia Comaneci n'est pas célèbre pour ses déclarations ou ses opinions; elle n'est pas célèbre pour son corps, ses seins, ses jambes; elle n'est pas une mondaine habituée aux salons et aux règles bizarres du "beau monde". Elle est une gymnaste précoce qui a ébloui tout le monde par ses pirouettes inédites.

C'est un peu tout cela qu'il y avait d'écrit dans le visage de Bela Karoly, quand je me suis présenté à lui, à bord du Boeing qui venait de décoller de Montréal, alors qu'il s'imaginait enfin seul avec ses protégées: "Nadia est à nous, elle est précieuse et fragile, et bien fatiguée de gars comme toi."

Nadia, assise tout près, comprit vite ce qui se passait. Elle s'est retournée et m'a regardé droit dans les yeux, curieuse, inquiète et défiante tout à la fois.

Qu'est-ce que je fais, qu'est-ce que je lui demande? Si elle est heureuse? Si elle aime Elton John? Si elle aurait préféré rester à Montréal? Ah non, quand même!

Je lui fais un sourire et me tais. Elle me le rend, puis détourne le regard. Est-ce qu'elle a compris?

Je saurai que oui quatre jours plus tard, jeudi, en prenant congé d'elle, chez ses parents, à la porte de leur modeste appartement de quatre pièces à Gheorghe Gheorghiu Dej.

Cela faisait quatre jours que je la suivais de près partout, que je l'épiais, la photographiais, que je passais par les mêmes endroits qu'elle, lisais ses états d'âme sur ses traits tendus et les partageais bien souvent.

Elle le savait, bien sûr; elle avait aussi compris ce que je cherchais plus que tout: un beau portrait d'elle en petite fille, souriante, épanouie, espiègle et décontractée.

C'était devenu un jeu dans lequel ses copines étaient embarquées aussi, un jeu plein de regards, de dérobade et de sourires en coin, entendus et moqueurs. Je l'épiais, mine de rien. Elle aussi. Je levais mon appareil-photo, elle tournait la tête. Je le déposais, elle me regardait à nouveau. Georgeta pouffait de rire. Je la photographiais, elle me faisait la tête.

Ce fut ainsi jusqu'à la fin, jusqu'au jeudi midi. Tout avait été dit, tout avait été fait; j'avais rangé mes appareils et pris congé, un peu comme le dernier maillon d'une chaîne d'événements qui la reliait encore à Montréal. J'avais franchi le seuil. Je me retourne pour lui dire un dernier bonjour et la vois me décocher le plus beau sourire amical et chaleureux et sans arrière pensée, celui de la fillette ordinaire de Gheorghe Gheorghiu Dej que j'avais eu tant de mal à découvrir et à atteindre, sous l'épaisse carapace des relations officielles. Un beau grand sourire attendrissant et gratuit, qui ne sera jamais imprimé sur du papier glacé. Nadia commençait ses vacances.

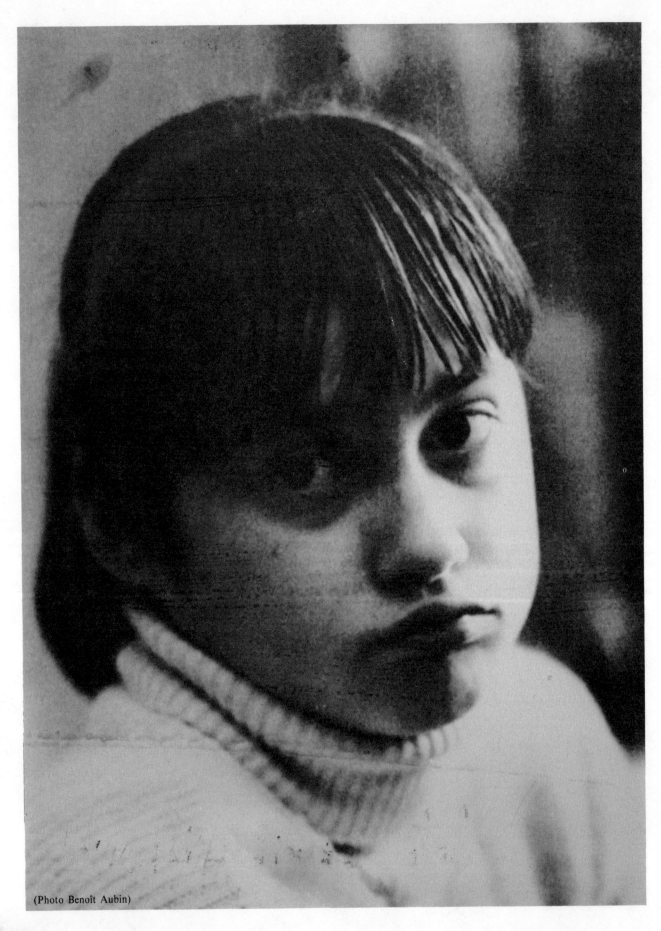

(Photo Benoît Aubin)

Table des matières

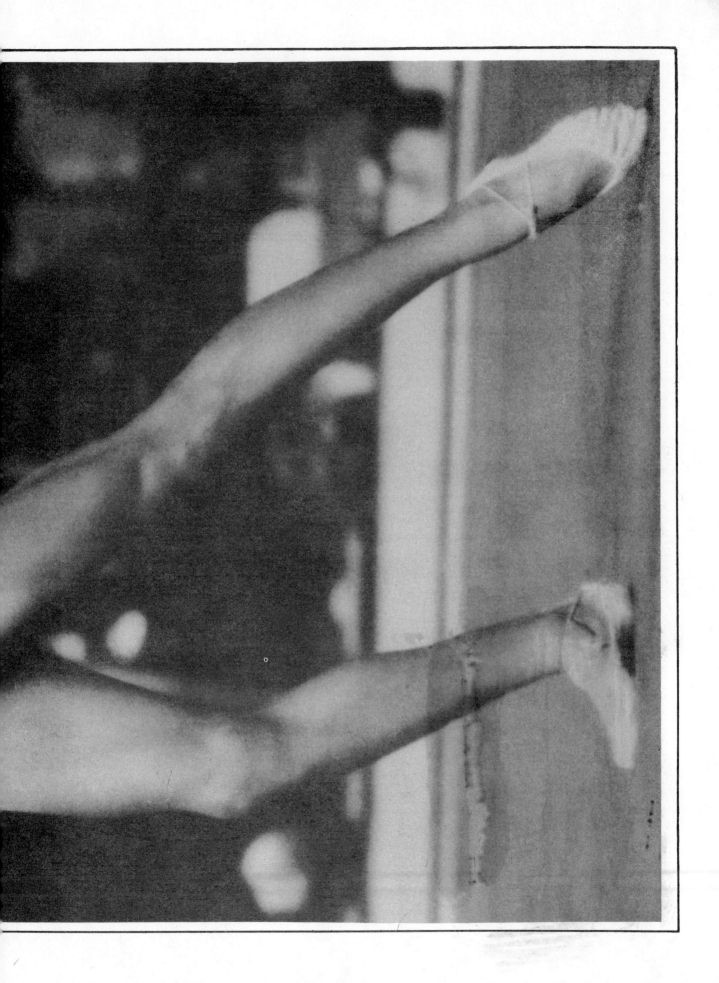

Achevé d'imprimer sur les presses de
L'IMPRIMERIE ELECTRA *
pour
LES EDITIONS DE L'HOMME LTÉE

* Division du groupe Sogides Ltée